Lise Herzog

SIMPLISSIME

5-10 ans

LE LIVRE POUR DESSINER DES DINOSAURES LE + FACILE DU MONDE

hachette
ENFANTS

POUR COMMENCER

Dessiner des dinosaures n'est pas si difficile ! Si tu regardes bien, tu verras que tout ce qui t'entoure est composé **de formes simples** : des ronds, des ovales, des carrés, des triangles, des lignes droites ou courbes... Et les dinosaures ne font pas exception !

Ce livre te propose **une méthode claire** pour t'apprendre à **dessiner les dinosaures** les plus connus à partir de formes géométriques.
Plus tu prendras l'habitude d'observer le monde, mieux tu réussiras à dessiner. Et plus tu dessineras, plus cela te semblera **facile**.

Grâce aux pas à pas qui te sont proposés, tu vas vite progresser ! Surtout, **sois patient et indulgent avec toi-même**. Ce n'est pas grave si ton dessin n'est pas comme tu le souhaites du premier coup. **Prends le temps** et accepte de recommencer : il sera mieux la prochaine fois.

Voici **20 dinosaures** à représenter et à colorier.
Suis chaque étape attentivement, **amuse-toi** et, bientôt, tu pourras recréer tout un monde oublié !

SOMMAIRE

CONSEILS ET ASTUCES

Voici quelques conseils
pour bien réaliser tes dessins.

Où dessiner ?

Pour commencer, installe-toi **confortablement**, à la lumière.
Ton papier doit être posé sur **un support rigide** : une table ou un carton épais.

De quoi as-tu besoin ?

Tu peux dessiner sur **du simple papier blanc**, mais, si tu as envie de mettre en couleur ton dinosaure avec de la peinture, choisis **un papier à dessin** :
plus épais, il absorbera mieux l'eau.

L'outil le plus simple à utiliser est **le crayon gris** (bien taillé !). Il en existe de plus ou moins gras et sombres.

Le plus facile à gommer est le **crayon HB** (car, oui, tu auras besoin d'une gomme). Essaie cependant de ne pas effacer ton trait à chaque fois qu'il ne te plaît pas, tu risques d'abîmer le papier. Il vaut mieux commencer **sans trop appuyer**, en faisant des traits légers.

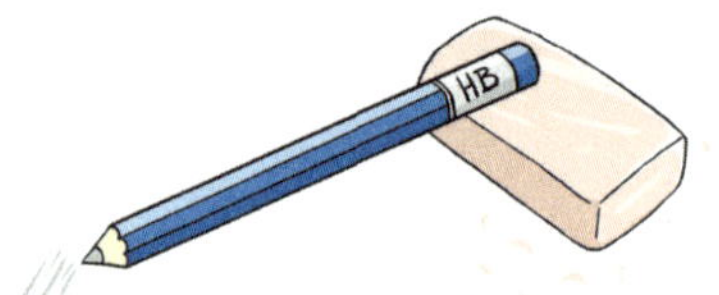

Comment dessiner un dinosaure ?

Les dinosaures sont **tous différents** : certains ont de petites têtes par rapport au reste du corps, pour d'autres, c'est l'inverse. Il n'y a **pas de règle de proportion**. Il faut donc **bien observer** chaque modèle si tu veux que ton dinosaure soit ressemblant.

Les têtes des dinosaures sont toutes différentes. Pour les dessiner, commence par une forme simple, qui est parfois ronde, ou allongée, ou même carrée.

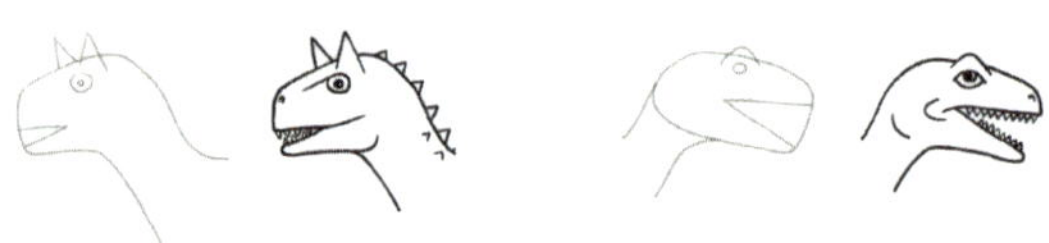

Ajoute ensuite des arrondis pour les paupières ou le menton, des yeux, une bouche et, parfois, des cornes ou des dents bien pointues !

L'articulation du genou **des pattes** arrière de plusieurs dinosaures se plie vers l'arrière (à l'inverse de nous, les humains).
Le haut des pattes s'élargit souvent au niveau de la cuisse.
Et attention à ne pas oublier les griffes !

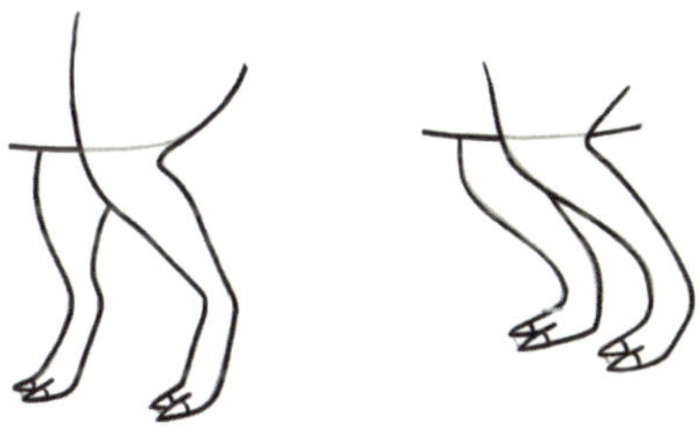

C'est **en coloriant** ton dinosaure que tu choisiras son habit. S'il est couvert **de plumes**, tu feras des petites taches de couleur plus claires ou plus foncées. S'il est **poilu**, ce seront des petits traits.

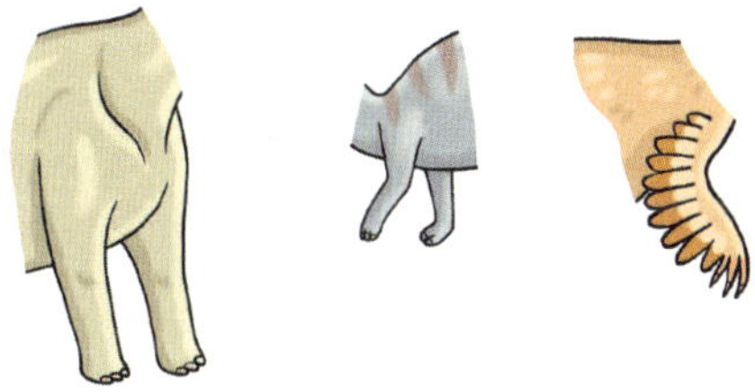

Tu peux aussi faire **des lignes aux articulations**, là où le corps se plie, ou encore **accentuer les volumes** de son corps en choisissant des couleurs plus claires sur les cuisses, le ventre, le dos...

Comment finir ton dessin ?

Une fois que ton dinosaure est terminé, **redessine ses contours d'un trait net** et ajoute les derniers petits détails. Pour cela, utilise un feutre ou un stylo fin. N'oublie pas de **gommer les traits de construction** avant de colorier.

Si tu veux peindre ton dinosaure, choisis pour le contour un stylo ou un feutre **résistant à l'eau**, car la couleur risquerait de baver au contact de l'eau.

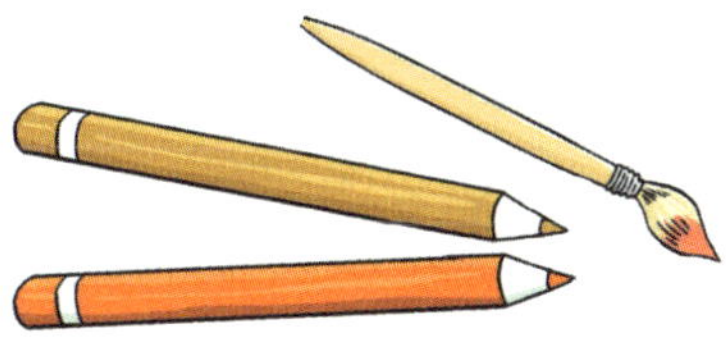

Prêt pour ton premier dinosaure ? Alors, à tes crayons ! N'aie pas peur, **c'est toi le plus fort** : d'un simple coup de gomme, tu pourras lui clouer le bec !

L'ARGENTINOSAURUS

1

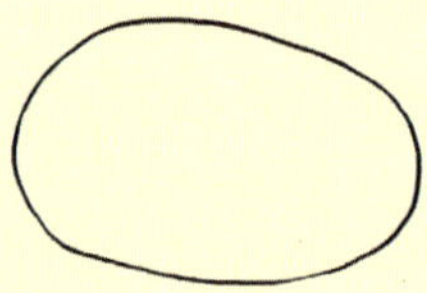

* Dessine **un grand ovale** un petit peu plus large d'un côté.

2

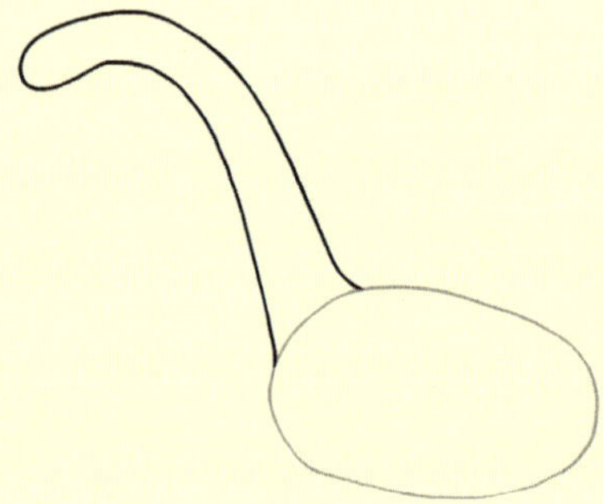

* Sur le côté plus large, dessine **un long cou** qui s'affine un peu et se courbe. Termine par un arrondi.

3

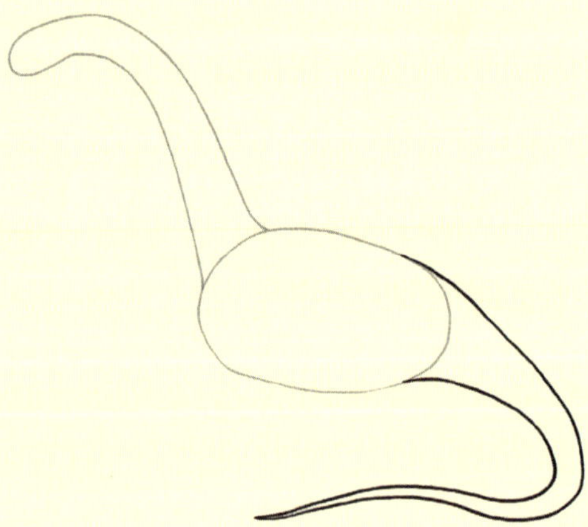

* De l'autre côté de l'ovale, ajoute **une très longue queue** qui devient toute fine et pointue.

4

* Dessine **les quatre pattes**. Elles s'élargissent vers le haut.

5

* Ajoute **les détails de la tête** : un arrondi en haut pour la paupière, un autre en bas pour la mâchoire, un point pour l'œil et une longue bouche. Dessine trois petites pointes au bout des pattes.

6

* Redessine **les contours** de ton dessin.

7

* Ajoute **les derniers détails** : œil et narine.

8

* **Gomme** les traits de construction.
* **Colorie** ton argentinosaurus avec des nuances de gris.

L'ALLOSAURE

1

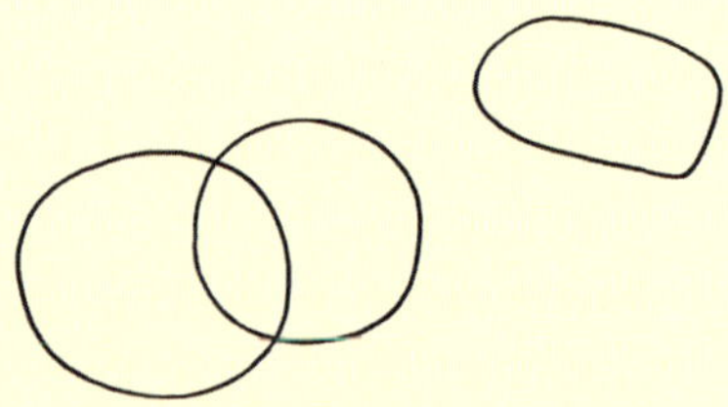

* Dessine **deux ronds qui se croisent**, celui de gauche est un peu plus grand.
* Ajoute en haut à droite **un rectangle aux bords arrondis**.

2

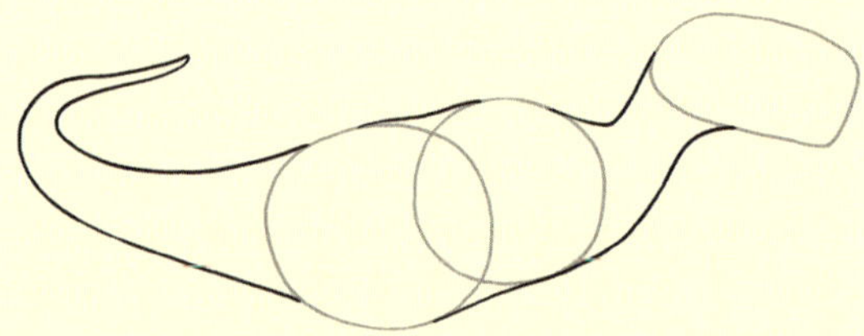

* Relie le rectangle au rond le plus proche **pour dessiner le cou**.
* Relie les deux ronds et termine par **une longue queue pointue**.

3

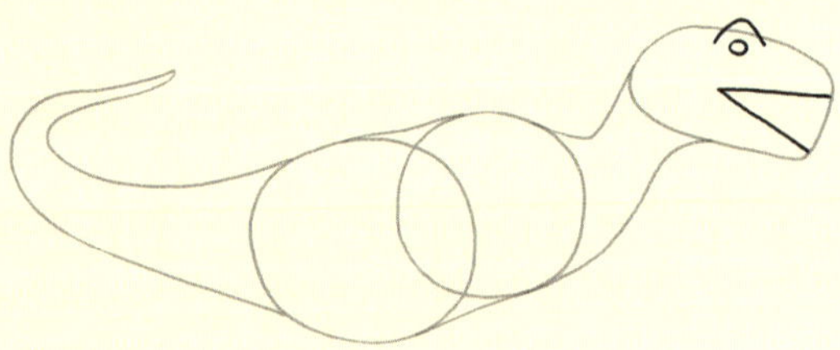

* Dessine un triangle pour **la bouche ouverte**. Ajoute un petit rond pour **l'œil** et, par-dessus, un triangle pour **la paupière**.

4

* Ajoute **les pattes arrière**, elles sont longues et s'élargissent vers le haut, puis **les pattes avant**, plus petites et pliées.

5

* Termine les pattes comme des palmes, avec **trois pointes**.

6

* Redessine **les contours** de ton allosaure.

7

* Ajoute **les derniers détails** : griffes, œil, narine, pli pour le coin de la bouche et les genoux, et plein de petites dents pointues !

8

* **Gomme** les traits de construction.
* **Colorie** ton allosaure.
N'oublie pas **les rayures** sur le dos.

LE TYRANNOSAURE

1

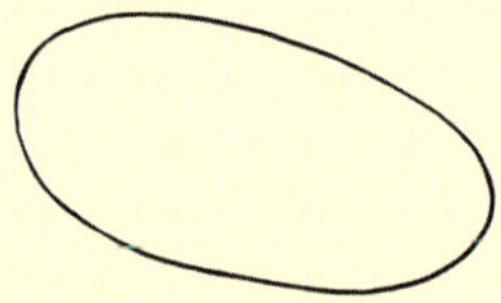

* Dessine **un ovale un peu incliné**.

2

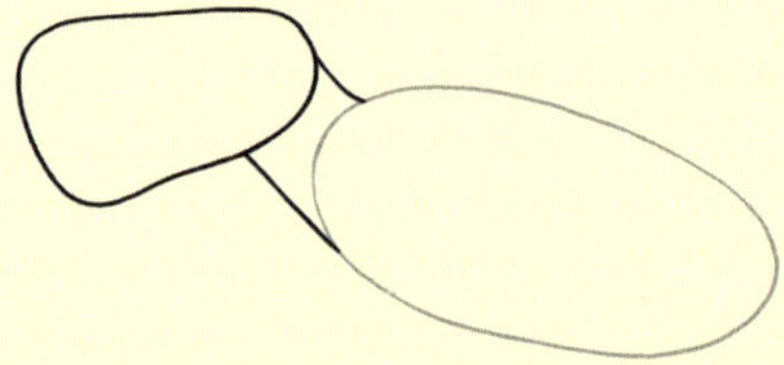

* En haut à gauche, ajoute **un rectangle arrondi**.
* Relie les deux formes entre elles.

3

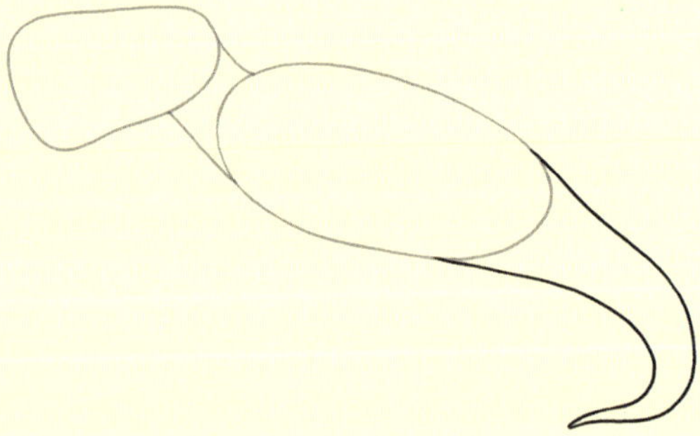

* À droite, dessine **une longue queue pointue**.

4

* Ajoute **les pattes avant**, elles sont pliées, puis **les pattes arrière** avec de grosses cuisses et des pieds plats.

5

* Anime le visage : **un œil** penché pour être plus féroce, une courbe pour **la paupière** et **une grande bouche** ouverte.

6

* Redessine **les contours** de ton dessin en ajoutant **des pointes** au bout des pattes et **des zigzags** sur le dos.

7

* Ajoute **les derniers détails** : œil, narine, griffes et dents pointues !

8

* **Gomme** les traits de construction.
* **Colorie** ton tyrannosaure avec des nuances de gris. Le pelage du dos est un peu marron.

LE PLIOSAURE

1

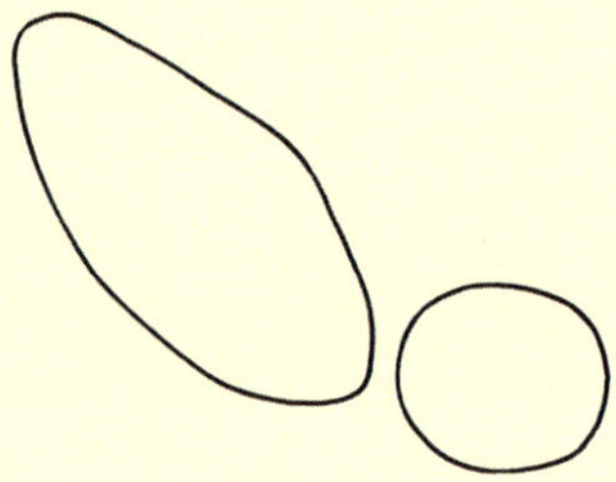

* Dessine **un ovale très penché** aux extrémités pointues pour le corps.
* Ajoute **un gros rond** à côté pour la tête.

2

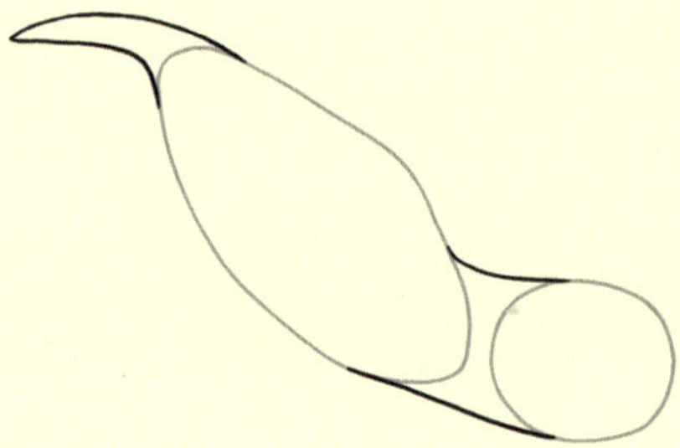

* Relie **le rond à l'ovale** et prolonge à gauche par **une queue pointue**.

3

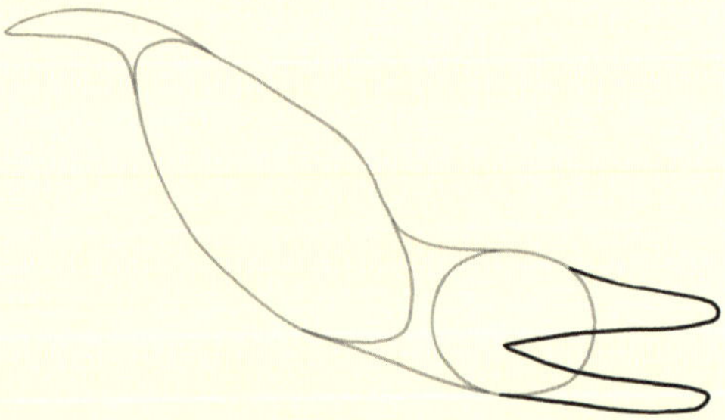

* Dessine sur le rond **une grande mâchoire** ouverte.

4

* De chaque côté de l'ovale, ajoute **des nageoires** pointues aux bouts.

5

* Dessine un long trait sur **le dos**, un petit rond pour **l'œil** et plein de petits traits pour **les dents**.

6

* Redessine **les contours** de ton dessin.

7

* Ajoute **les derniers détails** : œil rond, courbe pour la mâchoire et petits triangles pointus pour les dents !

8

* **Gomme** les traits de construction.
* **Colorie** ton pliosaure avec des nuances de gris foncé. Le dos est plus sombre que le ventre et décoré de taches foncées.

L'ANKYLOSAURE

1

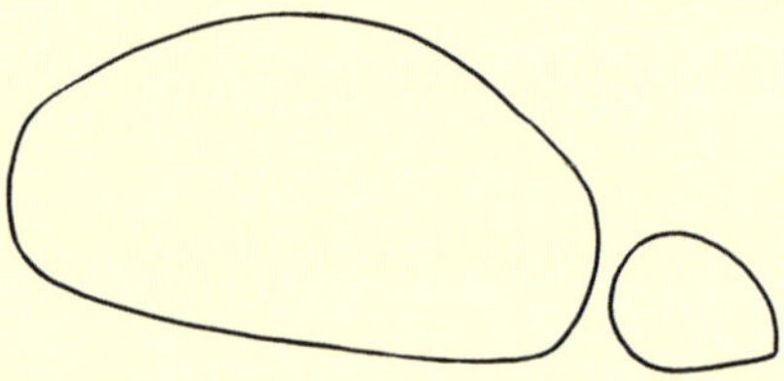

* Dessine **une grande forme ovale**, plate en dessous et avec les côtés plus droits, pour le corps.
* À droite, dessine **un petit rond avec un bec pointu** pour la tête.

2

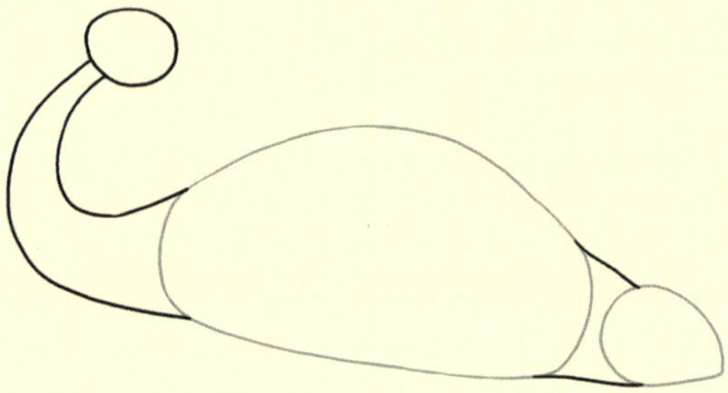

* Relie **les deux formes** pour faire **le cou**.
* Prolonge l'autre côté du grand ovale par **une longue queue courbée** qui se termine par un rond.

3

* Dessine **les quatre pattes**.
* Ajoute un petit ovale à chaque extrémité.

4

* **Sur le dos**, dessine de longues lignes courbes.
* Ajoute **les détails de la tête** : un petit rond pour l'œil, un trait pour la paupière et un autre, plus long, pour la bouche.

5

* Sur le dos, entre les lignes, **ajoute des pointes en forme de triangle**. À l'arrière de la tête, dessine trois grandes pointes.

6

* Redessine **les contours** de ton dessin en terminant les pattes par des petits ponts.

7

* Ajoute **les derniers détails** : œil, bouche, narine, pointes, lignes du dos, griffes, queue.

8

* **Gomme** les traits de construction.
* **Colorie** ton ankylosaure.

Le dessus de la carapace est plus sombre que le ventre, la tête et les pattes.

L'ARCHÉOPTÉRYX

1

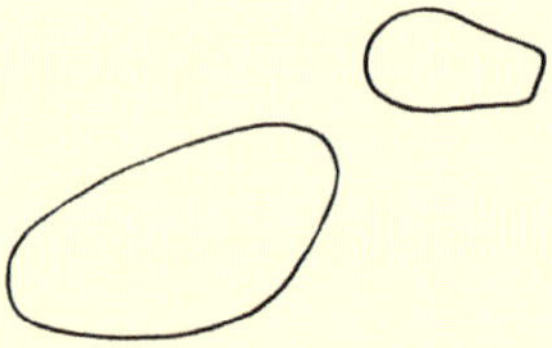

* Dessine **un ovale penché** au dessous plus arrondi pour le corps.
* En haut à droite, ajoute **un ovale plus petit** dont un bout est plat pour la tête.

2

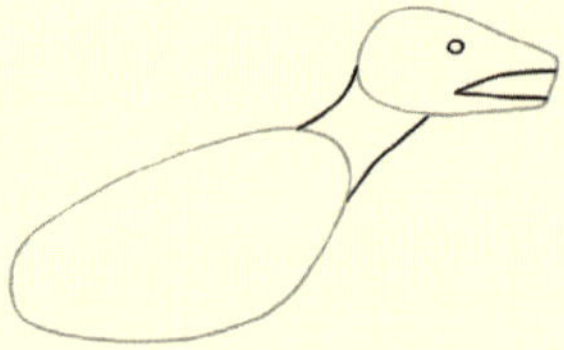

* Relie les deux formes pour faire **le cou**.
* Dessine un petit rond pour **l'œil** et **une bouche ouverte** sur le côté carré.

3

* Dessine une longue pointe pour **la queue** et entoure-la d'un ovale.
* Ajoute **une courbe** en forme de S à l'arrière de la tête.

4

* Ajoute **les deux pattes** : des courbes pour les cuisses et des tubes fins pour les jambes.
* Dessine des traits pour **les griffes**.

5

* Dessine **deux grandes ailes.**
* Ajoute un trait au milieu et deux petites lignes sur le dessus des ailes.

6

* Redessine **les contours** de ton dessin en ajoutant **des plumes** dans les ailes et autour de la queue, et **des petits zigzags** pour le plumage de la tête et du ventre.

7

* Ajoute **les derniers détails** : narine, œil, sourcil et plumes sur le ventre.

8

* **Gomme** les traits de construction.
* **Colorie** ton archéoptéryx avec de belles couleurs vives !

LE CARNOTAURUS

1

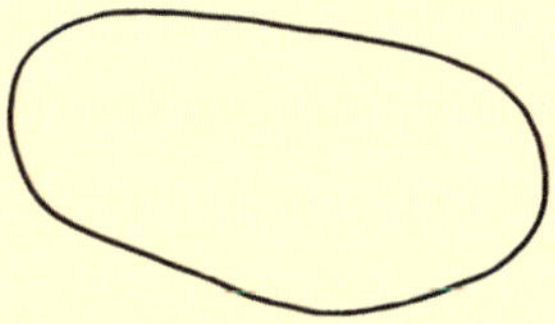

* Dessine **un grand ovale** aplati sur le dessus et bombé en dessous.

2

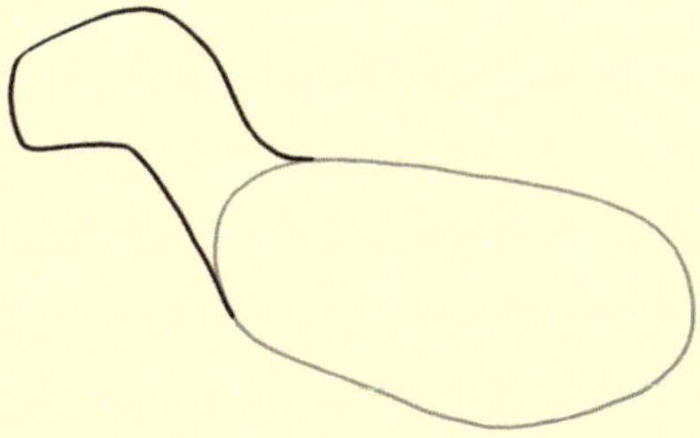

* À gauche, dessine **un cou**. Prolonge-le avec **une grosse tête** arrondie.

3

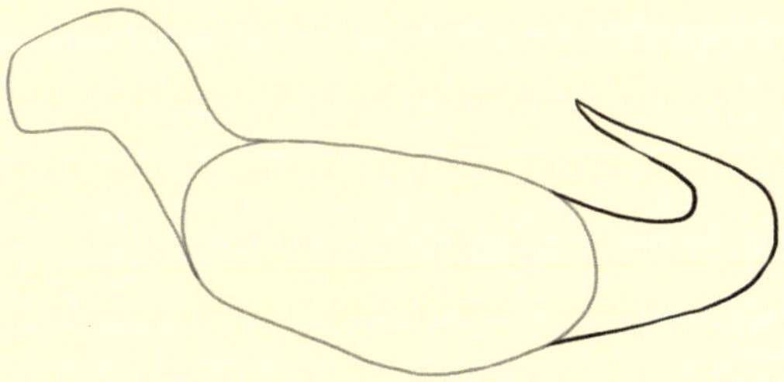

* De l'autre côté de l'ovale, ajoute **une queue courbe et pointue**.

4

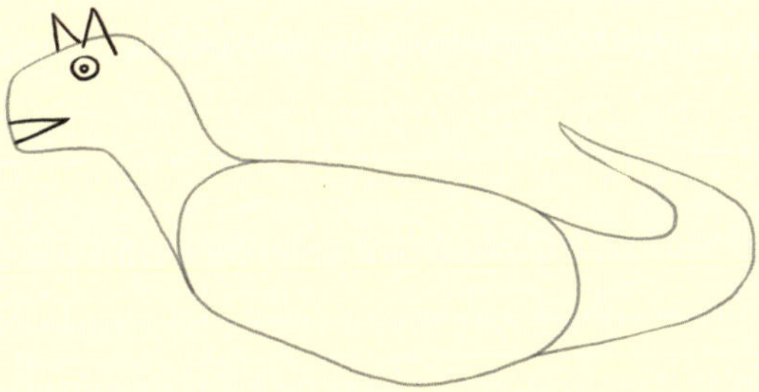

* Ajoute **les détails de la tête** : un œil, deux triangles au-dessus pour les cornes et un autre triangle pour la bouche.

5

* Dessine **les pattes** : à l'avant, elles sont très petites, à l'arrière, elles sont plus longues, un peu en forme de S. Le bas doit être bien courbé **pour le pied**. Les quatre pattes se terminent par un bord plat.

6

* Redessine **les contours** de ton dessin en ajoutant **des pointes** au bout des pattes.

7

* Ajoute **les derniers détails** : narine, œil, trait plat pour la paupière, griffes et petites dents pointues. Le long du dos, dessine **deux rangs de petites pointes**.

8

* **Gomme** les traits de construction.
* **Colorie** ton carnotaurus avec des nuances de marron et d'orange.

LE BRACHIOSAURE

1

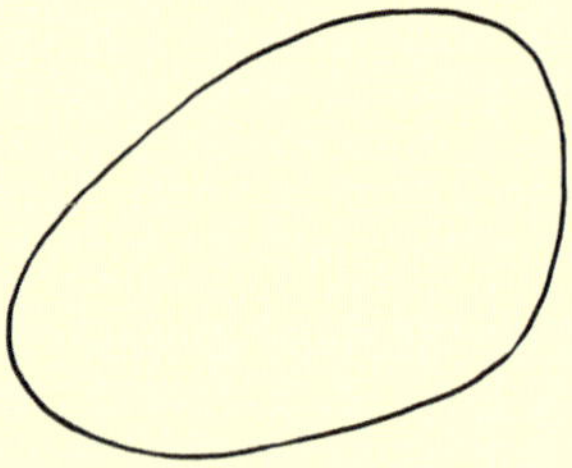

* Dessine **une grande forme ovale**. Le côté gauche est plus pointu.

2

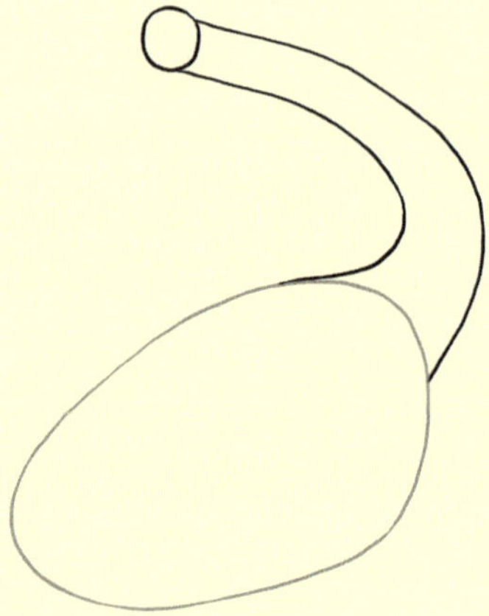

* Sur le côté droit, ajoute **un long cou courbé**. Termine par un petit rond.

3

* Sur le côté gauche pointu, dessine **une petite queue repliée**, très fine et pointue.

4

* Dessine **les quatre pattes**. À l'avant, elles sont plus longues qu'à l'arrière. Le haut est plus large.

5

* Dessine deux ponts pour **la mâchoire** et un petit rond pour **l'œil**.

6

* Redessine **les contours** de ton dessin et ajoute des petites courbes au bout des pattes.

7

* Ajoute **les derniers détails** :
œil, narine, courbe pour marquer l'épaule et griffes rondes.

8

* **Gomme** les traits de construction.
* **Colorie** ton brachiosaure avec des nuances de beige et de gris.

L'ÉORAPTOR

1

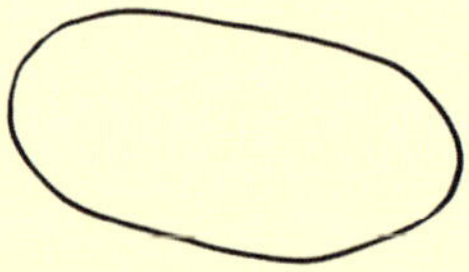

✱ Dessine **un ovale un peu penché** et un peu pointu du côté droit.

2

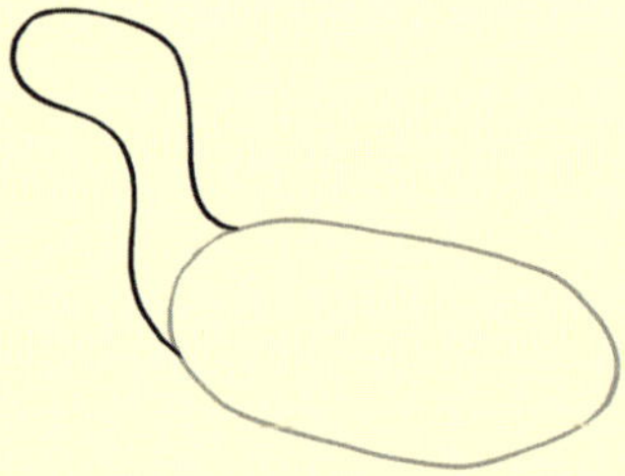

✱ Sur le côté gauche, dessine **un cou courbé** et **une tête ovale**.

3

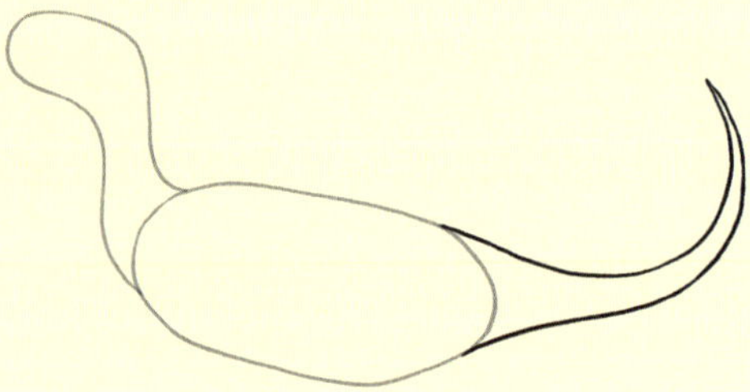

✱ Sur le côté droit, ajoute **une fine queue** très pointue.

4

✱ Dessine **les quatre pattes**, très fines, courbées et qui s'élargissent vers le haut. Les pattes avant sont beaucoup plus petites que les pattes arrière.

5

* Au bout des pattes avant, ajoute des palmes et, au bout des pattes arrière, des rectangles.
* Prolonge la tête par **un long museau**. Ajoute un rond pour **l'œil** et un trait pour **la bouche**.

6

* Redessine **les contours** de ton dessin en ajoutant des longues pointes au bout des pattes.

7

* Ajoute **les derniers détails** : œil, narine, bouche, petites pointes à l'arrière de la tête et griffes.

8

* **Gomme** les traits de construction.
* **Colorie** ton éoraptor avec des nuances de marron clair et des lignes plus foncées sur le dos.

LE PACHYCÉPHALOSAURE

1

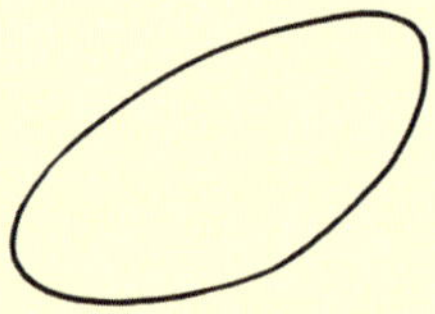

* Dessine **un ovale penché et plutôt fin** aux extrémités un peu pointues.

2

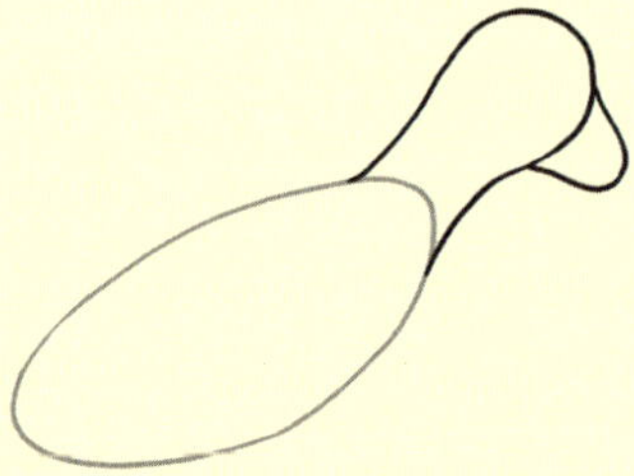

* Vers le haut, dessine un cou terminé par **une grosse tête ronde**.
* Ajoute **un museau arrondi**.

3

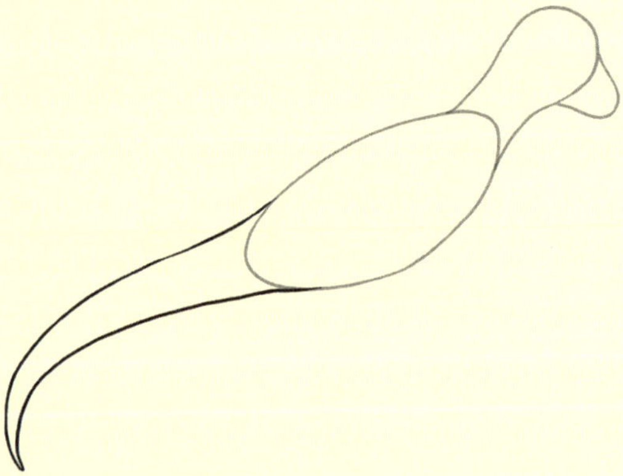

* Prolonge l'autre côté de l'ovale par **une queue pointue**.

4

* Dessine **les quatre pattes** : à l'avant, elles sont petites et pliées au niveau des coudes, à l'arrière, elles sont fines et pliées au niveau des pieds. Les extrémités sont plates.

5

* Ajoute **des détails pour la tête** : un point pour l'œil, un trait pour la bouche, deux rangs de triangles à l'arrière de la tête, trois pointes sur le museau (deux petites et une plus grande).

6

* Redessine **les contours** de ton dessin en ajoutant **de longues pointes** au bout de chaque patte. Ouvre un peu la bouche de ton dinosaure en dessinant **un petit triangle** au bout du museau.

7

* Ajoute **les derniers détails** : narine, œil avec une courbe pour la paupière, cornes à l'arrière de la tête et griffes.

8

* **Gomme** les traits de construction.
* **Colorie** ton pachycéphalosaure avec des nuances de marron et de vert.

LE PTÉRODACTYLE

1

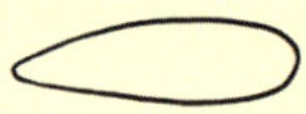

* Commence par dessiner **un petit ovale** fin et pointu sur le côté gauche.

2

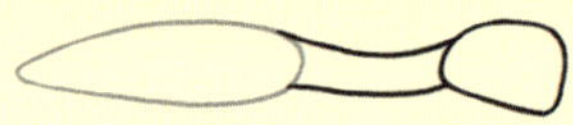

* À droite, ajoute **un long cou** et **une tête** un peu carrée.

3

* Dessine **deux grandes ailes** très pointues.

4

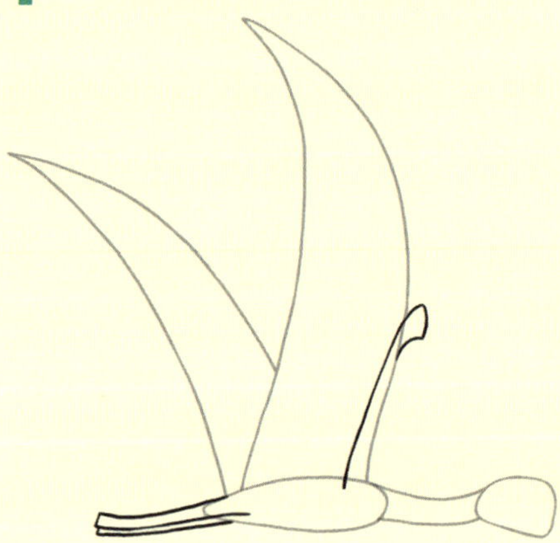

* Devant la première aile, trace **une patte** courbée et évasée au bout. Ajoute **deux longues et fines pattes** à l'arrière.

5

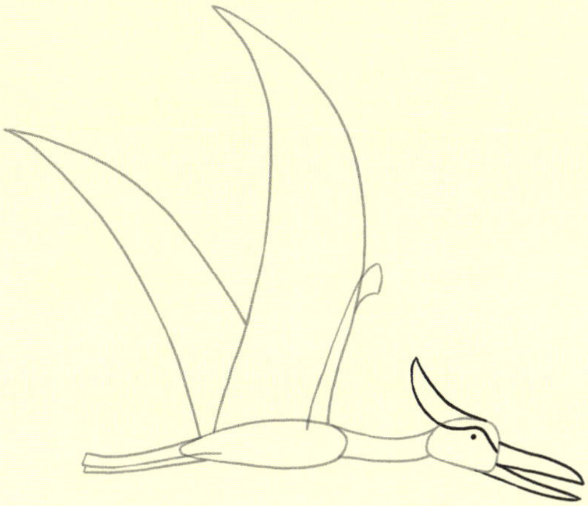

* Dessine **un grand bec ouvert**, un point pour **l'œil** et **une crête** au-dessus de la tête.

6

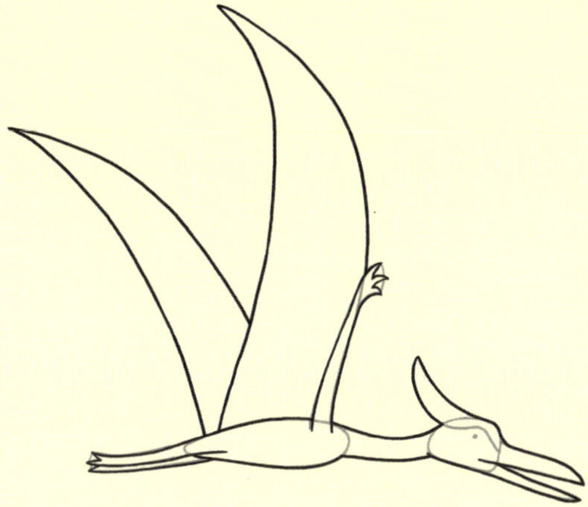

* Redessine **les contours** de ton dessin en ajoutant **des pointes** au bout des pattes.

7

* Ajoute **les derniers détails** : œil et narine. Relie la crête avec le bec.

8

* **Gomme** les traits de construction.
* **Colorie** ton ptérodactyle avec des nuances d'orange, de beige et de rose.

LE PSITTACOSAURE

1

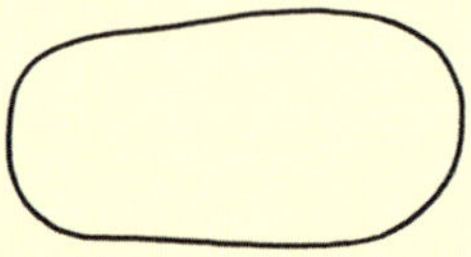

* Dessine **un grand ovale** avec le côté gauche un peu plus petit et plus droit.

2

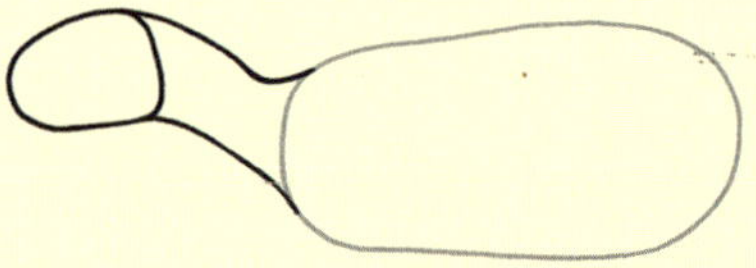

* À gauche, ajoute **un cou** et termine-le par une forme arrondie d'un côté et plate de l'autre pour faire **la tête**.

3

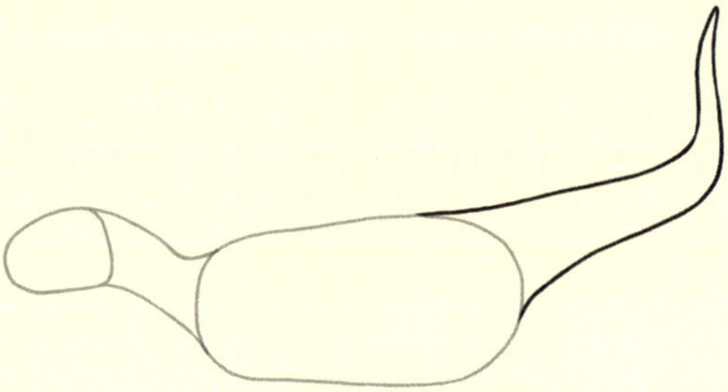

* Dessine **une longue queue pointue**.

4

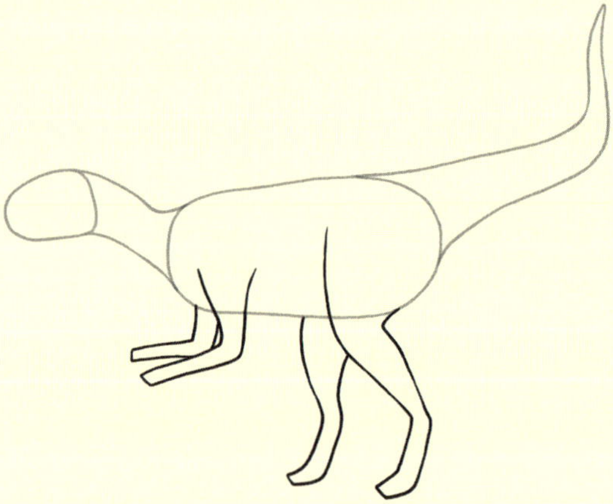

* Ajoute **les quatre pattes** fines en bas et qui s'élargissent vers le haut. Les pattes avant sont très pliées.

5

* Ajoute **un petit bec pointu** au bout du museau et un petit rond pour **l'œil**.

6

* Redessine **les contours** de ton dessin en ajoutant **des pointes** au bout des pattes.

7

* Ajoute **les derniers détails** : œil rond surmonté d'une courbe pour la paupière, bec, griffes et longs poils à l'arrière du dos.

8

* **Gomme** les traits de construction.
* **Colorie** ton psittacosaure avec des nuances de marron. Il a des taches sombres sur le dos, et le bout de la tête est clair.

LE PARASAUROLOPHUS

1

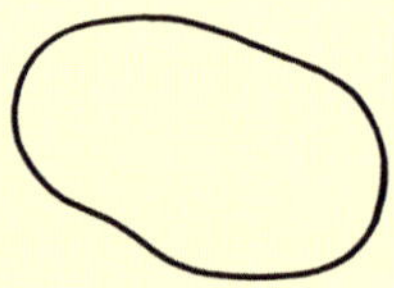

* Dessine **un gros ovale** penché.

2

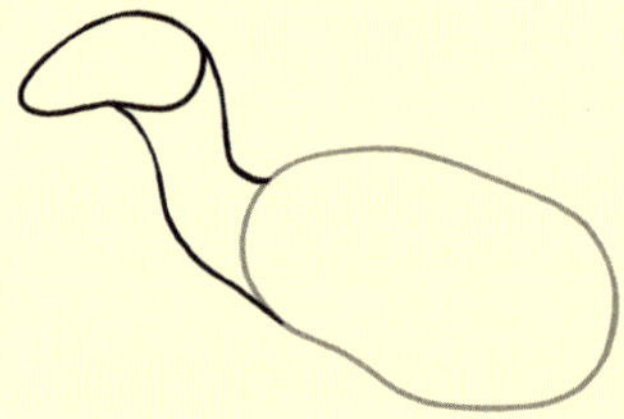

* Ajoute **un long cou** plié. Termine par une tête au **museau pointu**.

3

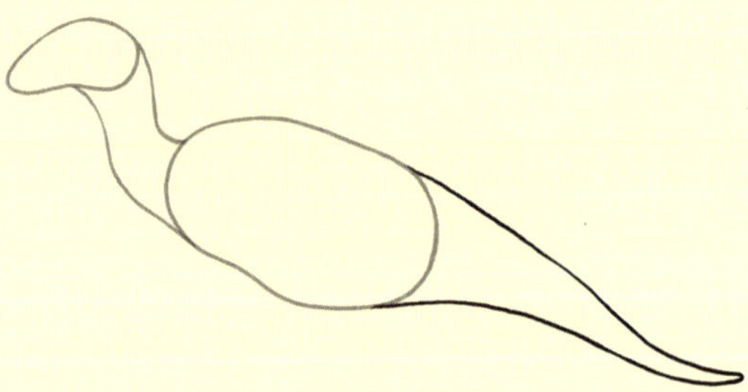

* À droite, prolonge l'ovale par **une longue queue pointue**.

4

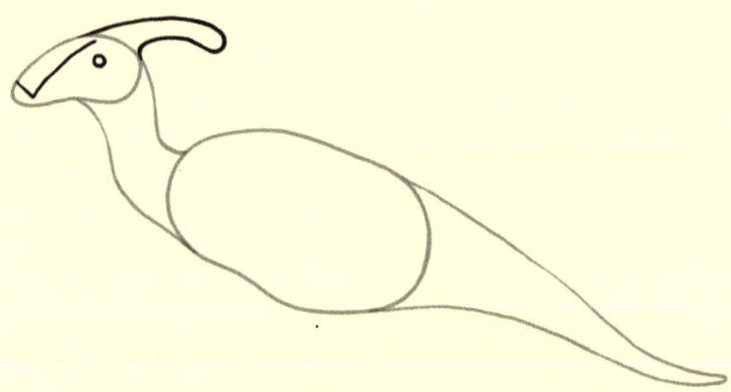

* Sur la tête, ajoute une forme plate et droite, un petit rond pour **l'œil** et **une corne arrondie**.

5

* Dessine **les quatre pattes**. Elles sont pliées et s'élargissent vers le haut.

6

* Redessine **les contours** de ton dessin en ajoutant **des pointes** au bout des pattes.

7

* Ajoute **les derniers détails** : bouche, œil, deux petites courbes en bas de la corne et griffes.

8

* **Gomme** les traits de construction.
* **Colorie** ton parasaurolophus avec des nuances de vert, d'orange, et de jaune pour le dessus du museau.

L'EDMONTOSAURE

1

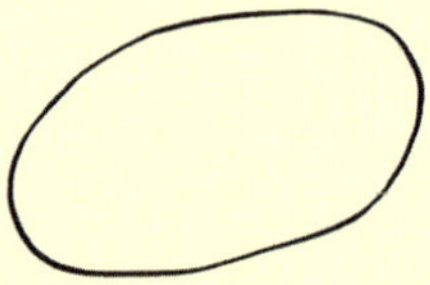

* Dessine **un gros ovale** un peu penché.

2

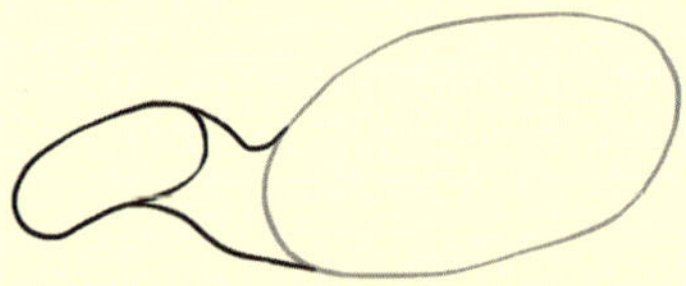

* À gauche, trace **un petit ovale** allongé et penché. Relie **les deux formes** entre elles pour faire le cou.

3

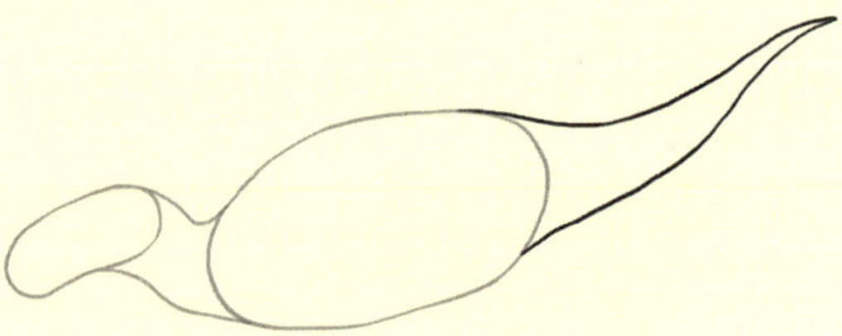

* Ajoute **une longue queue pointue** à droite.

4

* Dessine **les quatre pattes**, fines vers le bas et qui s'élargissent vers le haut. Elles sont un peu pliées.

5

* Termine les pattes par **des pieds aux bouts plats**.
* Ajoute une courbe pointue au bout **du museau** et un petit rond pour **l'œil**.

6

* Redessine **les contours** de ton dessin en ajoutant la ligne de la mâchoire et des petits ponts au bout des pattes.

7

* Ajoute **les derniers détails** : narine, œil et griffes rondes.

8

* **Gomme** les traits de construction.
* **Colorie** ton edmontosaure avec des nuances de gris. N'oublie pas les lignes rouges sur le dos et le dessus de la tête.

LE DIPLODOCUS

1

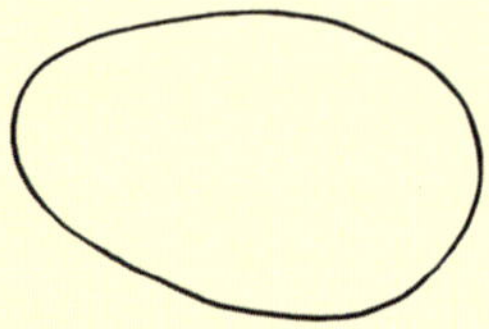

* Dessine **un grand ovale** avec le côté gauche plus pointu.

2

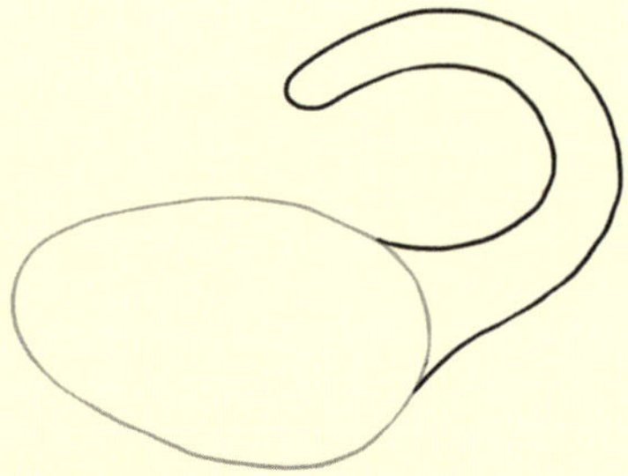

* Sur le côté droit, trace **un long cou courbé**. Il se termine par un arrondi.

3

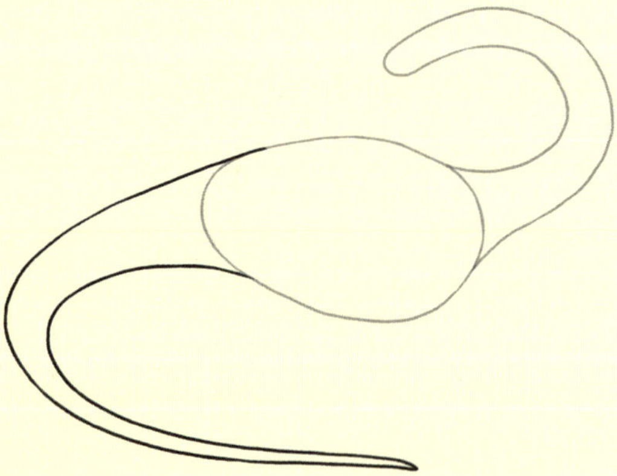

* Sur le côté gauche, dessine **une très longue queue** qui s'affine et finit pointue.

4

* Ajoute **les quatre pattes** aux bouts arrondis.

5

* Vers le bout du cou, ajoute des courbes en haut et en bas pour marquer **la tête**, un rond pour **l'œil** et **un trait pour la bouche**.

6

* Redessine **les contours** de ton dessin en ajoutant des traits **au bout des pattes**.

7

* Ajoute **les derniers détails** : œil, narine, griffes et petites pointes tout le long du cou et du dos.

8

* **Gomme** les traits de construction.
* **Colorie** ton diplodocus avec des nuances de marron et des belles rayures bleues sur le dos.

LE SPINOSAURE

1

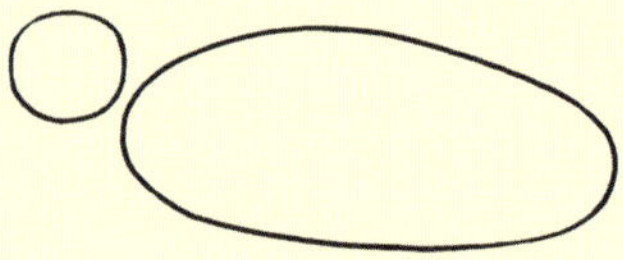

* Dessine **un grand ovale** pour le corps.
* À gauche, ajoute **un petit rond** pour la tête.

2

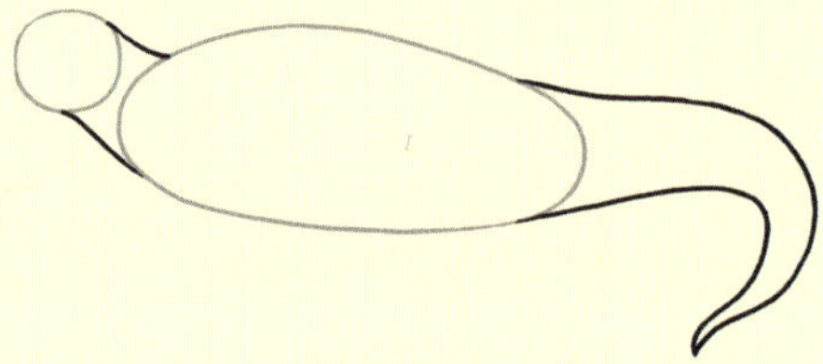

* Relie **le rond à l'ovale** et dessine **une longue queue** courbe et pointue.

3

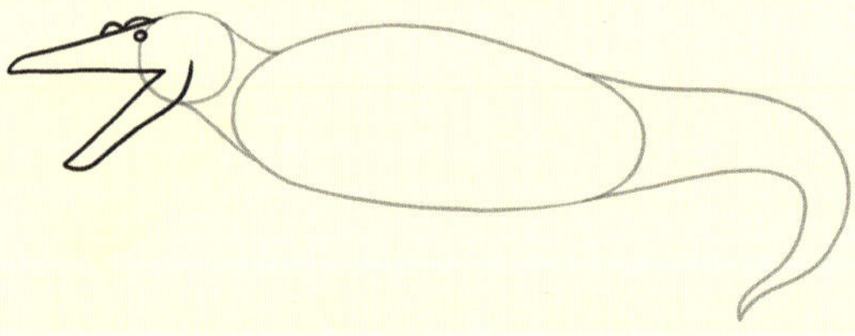

* Sur le petit rond, ajoute **une grande mâchoire** ouverte.
* Trace **un petit rond** pour l'œil et **deux petites courbes** au-dessus.

4

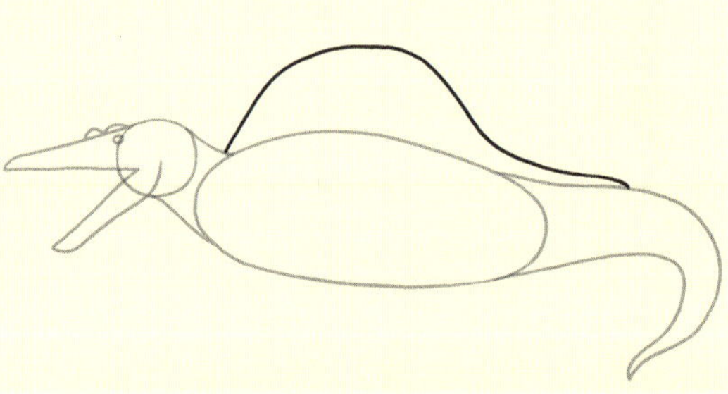

* Sur le dos, dessine **une grande vague**.

5

* Ajoute **les quatre pattes** : celles avant sont un peu pliées et s'élargissent au bout, celles arrière sont très pliées en bas et évasées en haut.

6

* Redessine **les contours** de ton dessin en ajoutant des petites vagues sur le dos et de longues pointes **au bout des pattes**.

7

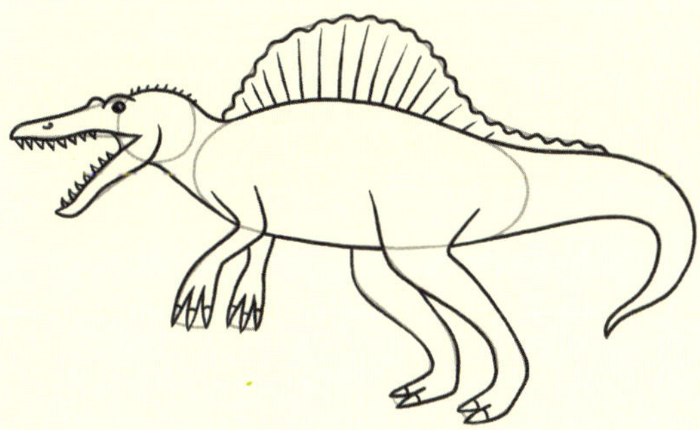

* Ajoute **les derniers détails** : œil, narine, griffes, lignes dans la vague, petits traits sur la tête et plein de dents pointues !

8

* **Gomme** les traits de construction.
* **Colorie** ton spinosaure avec des nuances de gris, et du rose pour le bout du museau, la vague et les rayures.

LE VÉLOCIRAPTOR

1

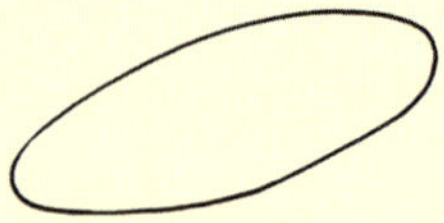

* Dessine **un ovale fin et penché**.

2

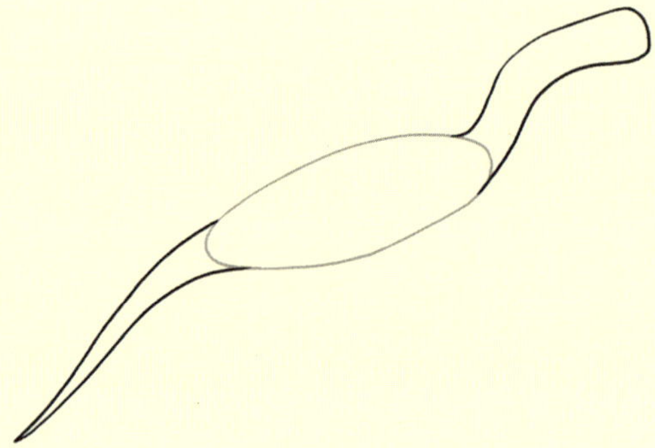

* À gauche, ajoute **une longue queue pointue**. De l'autre côté, dessine **un cou** tordu et plat au bout.

3

* Ajoute **deux courbes** en haut et en bas pour marquer **la tête**.
* Dessine un petit point pour **l'œil** et un triangle pour **la bouche** ouverte.

4

* Dessine **les quatre pattes** : à l'arrière, elles sont pliées, fines et se terminent en triangle, à l'avant, elles sont très petites et plates au bout.

5

* Ajoute **une forme de plume** au bout de la queue.
* Complète les pattes arrière par **une grosse griffe** sur le dessus.

6

* Redessine **les contours** de ton dessin en ajoutant **des zigzags** sur le dos et sur le cou, **des pointes** aux pattes arrière et **des plumes** aux pattes avant.

7

* Ajoute **les derniers détails** : œil rond, narine, langue pointue, petites dents, griffes et plumes au bout de la queue, aux pattes avant et à l'arrière de la tête.

8

* **Gomme** les traits de construction.
* **Colorie** ton vélociraptor avec des nuances de marron clair. Les plumes sont orangées, et il a un collier blanc autour du cou !

LE STÉGOSAURE

1

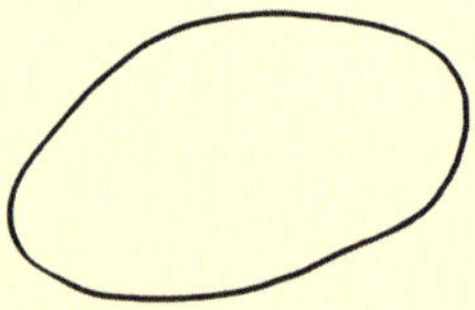

* Dessine **un gros ovale**.

2

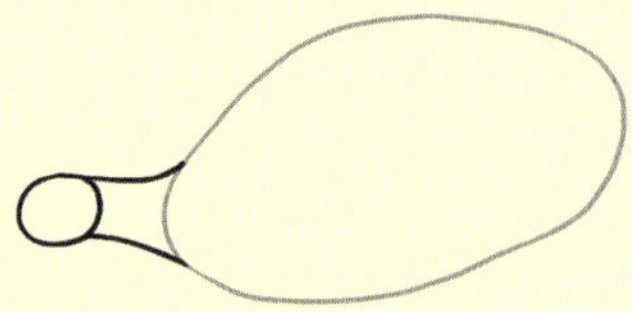

* Sur le côté gauche, ajoute **un petit cou**, puis un petit rond pour **la tête**.

3

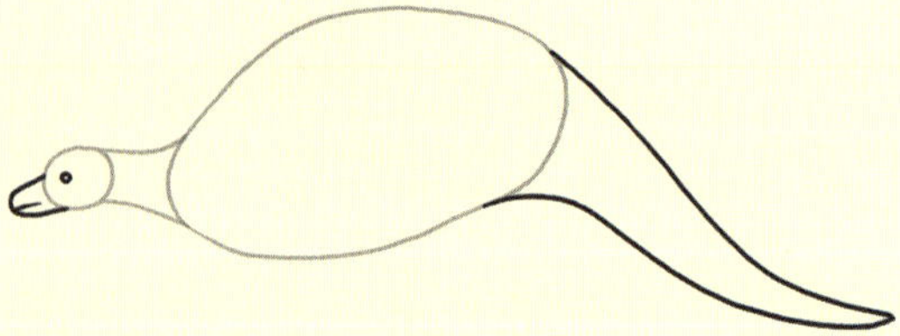

* Prolonge le rond par **un museau arrondi**.
* Dessine un trait pour **la bouche** et un petit rond pour **l'œil**. De l'autre côté, ajoute une longue forme pointue pour **la queue**.

4

* Dessine **les quatre pattes**.
* Sur le dos, ajoute des losanges pour **les écailles**, plus grands au milieu et plus petits vers la tête et la queue. Au bout de la queue, ils deviennent des pointes.

5

* Ajoute **d'autres losanges et pointes** derrière les premiers.

6

* Redessine **les contours** du premier rang de losanges, puis le corps du stégosaure.
* Ajoute des petits traits sur les pieds pour **les orteils**.

7

* Ajoute **les derniers détails** : œil, bouche, narine, griffes rondes, deuxième rang de losanges et plis dans les premiers losanges.

8

* **Gomme** les traits de construction.
* **Colorie** ton stégosaure avec des nuances de marron, et du rouge pour les écailles.

LE STRUTHIOMIMUS

1

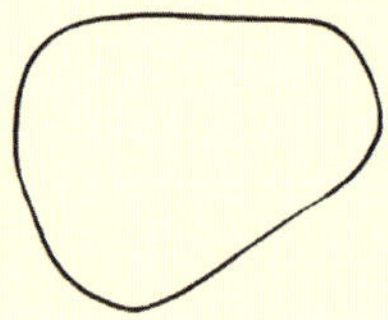

* Dessine une sorte de **poire penchée**.

2

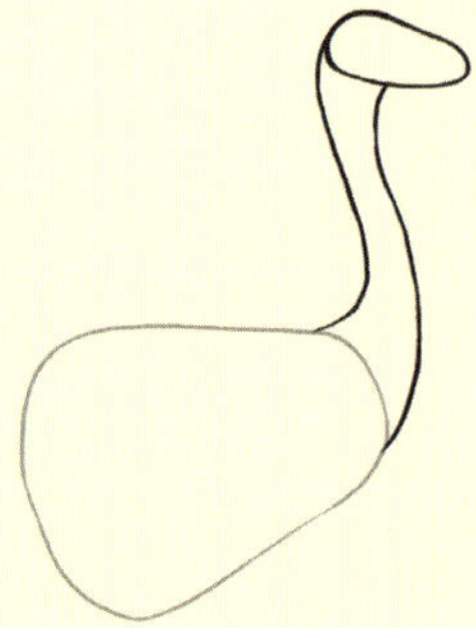

* À droite, ajoute **un long cou** en forme de S, puis **un petit ovale** pointu pour faire **la tête**.

3

* À gauche, dessine **une longue queue** courbée. Entoure la pointe par **une forme de flamme**.

4

* Dessine **les deux pattes arrière** avec des pieds pliés et plats. Ajoute **une aile** à l'avant et trois traits pour les griffes.

5

* À l'arrière de la tête, ajoute **une crête**.
* Dessine un petit rond dans un gros rond pour **l'œil**, et un triangle pour **la bouche** ouverte.

6

* Redessine **les contours** de ton dessin en ajoutant des plumes à l'aile, des pointes au bout des pattes et sur la queue.

7

* Ajoute **les derniers détails** : œil, narine, courbes sur la queue, pointes à la base du cou et sur la crête, et griffes !

8

* **Gomme** les traits de construction.
* **Colorie** ton struthiomimus avec des nuances de marron clair (plus foncé au bout des plumes). La tête et les pattes sont roses.

LE STYRACOSAURE

1

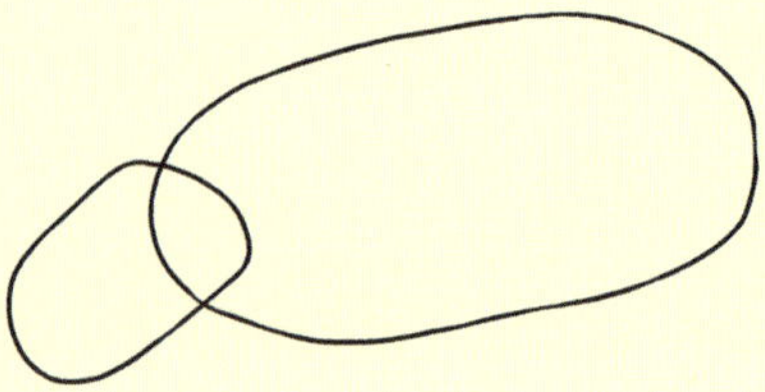

* Dessine **un gros ovale** pour le corps.
* À gauche, superpose **un petit ovale** pour la tête.

2

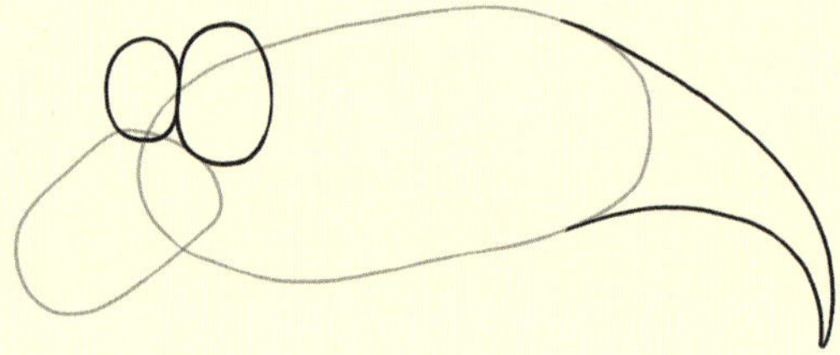

* Au-dessus du petit ovale, ajoute **deux ovales**. L'un est plus petit que l'autre.
* À droite de la grande forme, dessine **une queue courbée**.

3

* Dessine **les quatre pattes**. Elles sont pliées en bas et s'élargissent vers le haut.

4

* Sur le museau, dessine **une grande corne**.
* Trace un petit point pour **l'œil** et deux vagues au-dessus.
* Dessine une bouche en forme **de bec ouvert**.

5

* Autour des ovales sur la tête, dessine **des pointes pour les cornes**.

6

* Redessine **les contours** de ton dessin en ajoutant des orteils au bout des pattes.

7

* Ajoute **les derniers détails** : œil, paupière, narine, bec, cornes, griffes rondes et traits pour délimiter la carapace.

8

* **Gomme** les traits de construction.
* **Colorie** ton styracosaure avec des nuances de gris. Les cornes sont plus sombres, et le haut de la tête est orangé.

SIMPLISSIME

LES LIVRES
LES PLUS FACILES
DU MONDE
POUR PRATIQUER
TOUTES LES ACTIVITÉS

SIMPLISSIME
5-10 ans
LE LIVRE
DE YOGA
LE + FACILE
DU MONDE
hachette

SIMPLISSIME
8-12 ans
LES EXPÉRIENCES
SCIENTIFIQUES
LES + FACILES
DU MONDE
hachette

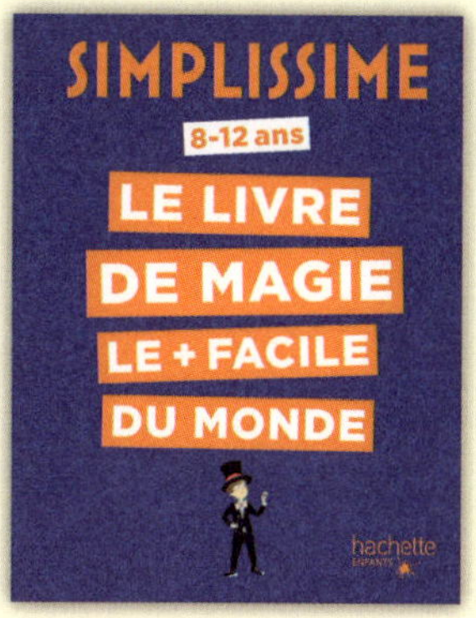
SIMPLISSIME
8-12 ans
LE LIVRE
DE MAGIE
LE + FACILE
DU MONDE
hachette

SIMPLISSIME
5-10 ans
LE LIVRE
POUR DESSINER
DES ANIMAUX
LE + FACILE
DU MONDE
hachette

SIMPLISSIME
3-6 ans
LE LIVRE DE
PETITE GYM
LE + FACILE
DU MONDE
hachette

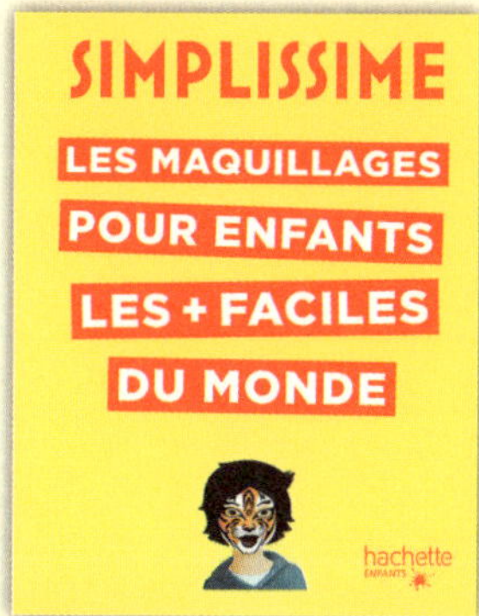
SIMPLISSIME
LES MAQUILLAGES
POUR ENFANTS
LES + FACILES
DU MONDE
hachette

SIMPLISSIME
8-12 ans
LES BRACELETS
LES + FACILES
DU MONDE
hachette

SIMPLISSIME
4-8 ans
LE LIVRE
DE RELAXATION
LE + FACILE
DU MONDE
hachette

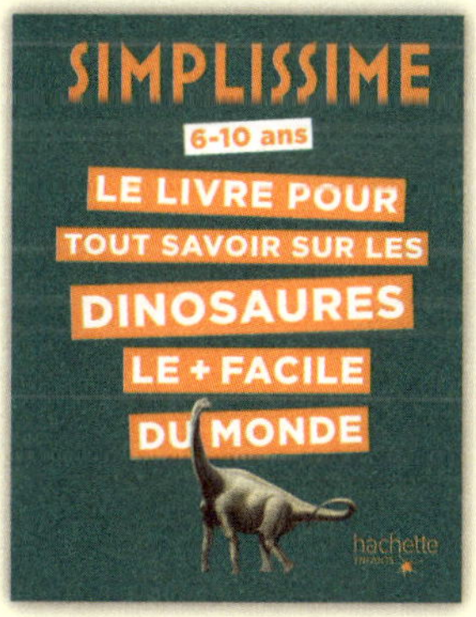
SIMPLISSIME
6-10 ans
LE LIVRE POUR
TOUT SAVOIR SUR LES
DINOSAURES
LE + FACILE
DU MONDE
hachette

SIMPLISSIME
5-10 ans
LE LIVRE
POUR DESSINER
LES CONTES
LE + FACILE
DU MONDE
hachette

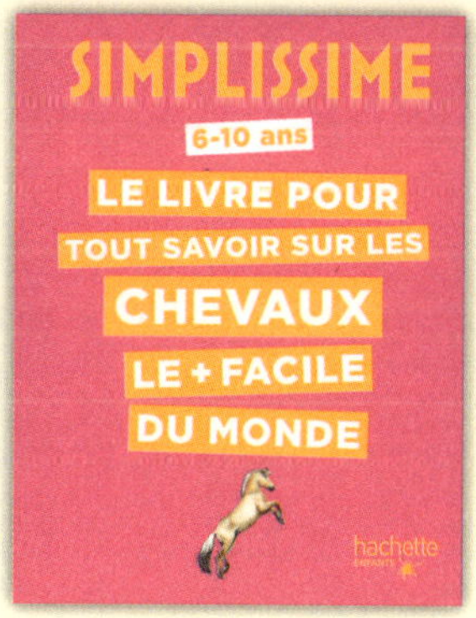
SIMPLISSIME
6-10 ans
LE LIVRE POUR
TOUT SAVOIR SUR LES
CHEVAUX
LE + FACILE
DU MONDE
hachette

SIMPLISSIME
5-10 ans
LES PLIAGES
EN PAPIER
LES + FACILES
DU MONDE
hachette

SIMPLISSIME
5-10 ans
LE LIVRE
POUR DESSINER
DES DINOSAURES
LE + FACILE
DU MONDE
hachette

Pour l'éditeur, le principe est d'utiliser des papiers composés de fibres naturelles, renouvelables, recyclables et fabriqués à partir de bois issus de forêts qui adoptent un système d'aménagement durable. En outre, l'éditeur attend de ses fournisseurs de papier qu'ils s'inscrivent dans une démarche de certification environnementale reconnue.

Directeur de collection : Jean-François Mallet

Direction : Sarah Kœgler-Jacquet
Directrice éditoriale : Brigitte Leblanc
Responsable éditoriale : Sylvie Michel
Assistante d'édition : Albane Destrez
Adaptation des textes : Emmanuelle Radiguer
Responsable artistique : Solène Lavand
Conception graphique : Marie-Paule Jaulme
Mise en pages : Eddy Pierrel
Correction : Agnès Scicluna
Fabrication : Anne-Laure Soyez

Dépôt légal : septembre 2018. Édition 01.
ISBN : 978-2-01-706410-7
Imprimé en Espagne par Estella Graficas.
Achevé d'imprimer en septembre 2018.
Loi n° 49-956 du 16 juillet 1949 sur les publications destinées à la jeunesse.

PAPIER À BASE DE FIBRES CERTIFIÉES

hachette s'engage pour l'environnement en réduisant l'empreinte carbone de ses livres. Celle de cet exemplaire est de :
500 g éq. CO_2
Rendez-vous sur www.hachette-durable.fr